LENA MERZ UND ANNINA SCHÄFLEIN

WEIHNACHTS-PLÄTZCHEN ZUCKERFREI

FOTOGRAFIE: SABRINA SUE DANIELS, COCO LANG

INHALT

Öffnen Sie die Klappen dieses Buches.
Dort finden Sie die wichtigsten Infos zum Thema auf einen Blick!

DAS PRINZIP:
ZUCKERFREIE
PLÄTZCHEN

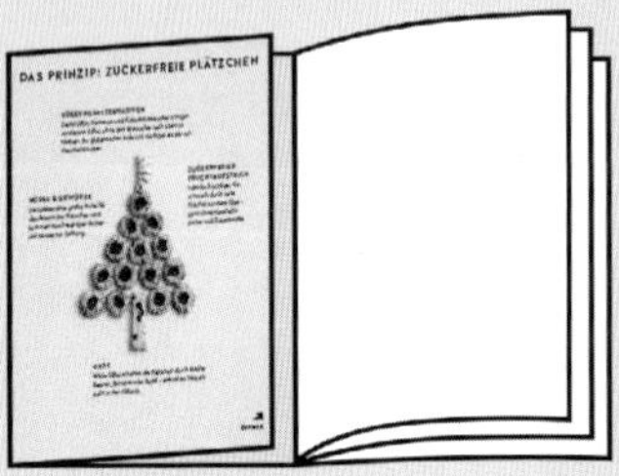

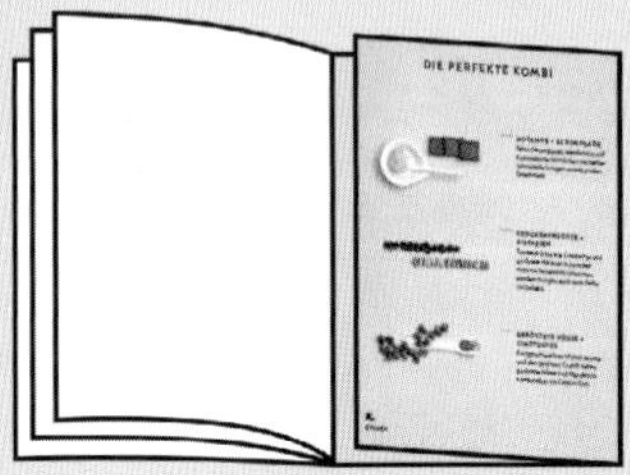

DIE PERFEKTE
KOMBI

Immer griffbereit:

SO GEHT'S:
AUSROLLEN &
AUSSTECHEN

Immer griffbereit:

HALTBARKEIT &
AUFBEWAHRUNG

GU
CLOU

Wussten Sie schon, dass ...?
Entdecken Sie bei einigen ausgewählten Rezepten ganz besondere Tipps mit verblüffendem Insiderwissen. Aha-Momente garantiert!

Die Backzeiten können je nach Herd variieren. Unsere Temperaturangaben beziehen sich auf das Backen im Elektroherd mit Ober- und Unterhitze.

Sammeln Ihrer Lieblingsrezepte mit der »GU Kochen Plus«-App (siehe S. 64)

REZEPTKAPITEL

LENA MERZ UND ANNINA SCHÄFLEIN

Plätzchen gehören an Weihnachten dazu – aber warum nicht mal ohne Zucker backen? So kommen feine Gewürze, knusprige Nüsse und herbe Schokolade viel besser zur Geltung und Klein und Groß dürfen naschen, was das Zeug hält!

Wie seid ihr auf die Idee gekommen, zuckerfrei zu backen?

Als Bloggerinnen und Expertinnen für Baby- und Kleinkindernährung haben wir für unsere Kinder und unsere Leser*innen jedes Jahr zu Weihnachten die besten zuckerfreien Plätzchen ausprobiert. Dabei haben wir festgestellt, dass man mit Obst und Trockenfrüchten ganz tolle Aromen und Süße zaubern und somit die ganze Familie gesünder verwöhnen kann.

Schmecken die Rezepte in diesem Buch trotzdem süß?

Ja, denn wir verwenden drei alternative Zuckerarten, die den Blutzuckerspiegel weniger nach oben treiben: Dattelsüße – ein Pulver aus getrockneten, gemahlenen Datteln, Kokosblütenzucker und Reissirup. Jedoch nehmen wir generell nur sehr kleine Mengen. Wer es süßer mag, kann jedes Rezept auch mit mehr Zucker oder süßerer Schokolade, wie etwa einer Schokolade mit Kokosblütenzucker, zubereiten.

Wie kann man die Adventszeit zuckerfrei gestalten?

Im dritten Kapitel haben wir Ideen für Geschenke aus der Küche zusammengestellt, von denen sich einige auch als Füllung für einen Adventskalender eignen. Oder man überzeugt Freunde und Verwandte mit einem Kuchen aus dem Glas vom zuckerfreien Genuss. Süße und herzhafte Leckereien lassen sich mit wenig Aufwand hübsch verpacken: Bestempelte Spitztüten aus Papier, mit Bändern und sternförmigen Papieranhängern verzierte Schraubgläser oder kleine Zellophantütchen sind schnell befüllt und willkommene Mitbringsel.

SCHOKO-MANDELSPLITTER

80 g Bitterschokolade (100 % Kakaogehalt) klein hacken und über einem heißen Wasserbad schmelzen.

100 g Mandelstifte in einer Pfanne ohne Fett goldbraun rösten.

30 g Dattelsüße (Bioladen)

1 TL Spekulatiusgewürz

Dattelsüße und Spekulatiusgewürz gründlich unter die Schokolade rühren. Mandelstifte unterrühren, bis sie mit Schokolade überzogen sind. 25 teelöffelgroße Häufchen auf ein Backpapier setzen und ca. 3 Std. im Kühlschrank fest werden lassen.

KLASSIKER

Für ca. 18 Stück • 35 Min. Zubereitung • 45 Min. Gehen • 30 Min. Backen • Pro Stück ca. 180 kcal, 6 g E, 8 g F, 22 g KH

MINISTOLLEN

FRUCHTIG

80 g getrocknete Aprikosen (ungeschwefelt)
1 Bio-Orange (ersatzweise 1 Bio-Zitrone)
20 g frische Hefe (½ Würfel)
375 g Dinkelmehl (Type 630)
200 g gemahlene gehäutete Mandeln
50 g Kokosblütenzucker
2 TL Stollengewürz
2 EL Öl
4 getrocknete Soft-Datteln (ungeschwefelt)
4 Tropfen Bittermandelaroma

TIPP
Statt 18 Ministollen können auch 4 kleine Stollen geformt werden. Die Backzeit verlängert sich dann auf 20 Min. Als Füllung eignet sich auch 70 g zuckerfreier Fruchtaufstrich.

1 Die Aprikosen klein hacken und in 200 ml heißem Wasser ca. 10 Min. einweichen. Die Orange heiß waschen und abtrocknen, die Schale mit einem Sparschäler abschälen und in ca. 3 mm feine Streifen schneiden. Die Hefe zerbröckeln, in 100 ml lauwarmem Wasser unter Rühren auflösen und 5 Min. stehen lassen. Inzwischen in einer Schüssel Mehl, 70 g gemahlene Mandeln, Zucker und Stollengewürz mischen.

2 Die Aprikosen, das Einweichwasser, das Hefewasser und das Öl dazugeben. Die Orangenschalenstreifen hinzufügen. Alle Zutaten mit den Händen oder einem Handrührgerät ca. 5 Min. zu einem klebrigen Teig verkneten. Den Teig zugedeckt an einem warmen Ort ca. 45 Min. gehen lassen.

3 Inzwischen übrige gemahlene Mandeln (130 g) mit Datteln, Bittermandelaroma und ggf. 4 EL Wasser in einem Hochleistungsmixer zu einer glatten, klebrigen Füllung mixen.

4 Den Ofen auf 175° vorheizen und zwei Backbleche mit Backpapier belegen. Mit einem Esslöffel etwas Teig abnehmen, in der Handfläche flach drücken und 1 gehäuften TL Füllung in die Mitte geben. Den Teig um die Füllung falten, sodass ein länglicher Stollen entsteht. Auf diese Weise ca. 18 Stollen formen und auf die Backbleche setzen. Im Ofen (Mitte) nacheinander in 13–15 Min. goldbraun backen. Herausnehmen und abkühlen lassen.

Für ca. 22 Stück • 30 Min. Zubereitung • 1 Std. Kühlen • 10 Min. Backen • Pro Stück ca. 90 kcal, 2 g E, 7 g F, 7 g KH

NUSSKIPFERL

AROMATISCH

50 g Mandeln
50 g Walnusskerne
150 g Mehl
30 g Kokosblütenzucker
¼ TL gemahlene Vanille
1 Prise Salz
100 g kalte Butter

1 Mandeln und Walnüsse in einer Pfanne ohne Fett unter Wenden goldbraun rösten. Herausnehmen und auskühlen lassen, dann fein hacken und in eine Rührschüssel geben.

2 Mehl, Kokosblütenzucker, gemahlene Vanille und Salz dazugeben und alles gut mischen. Die Butter klein würfeln und dazugeben. Alle Zutaten mit Händen oder den Rührbesen des Handrührgeräts zügig zu einem glatten Teig verkneten, in Frischhaltefolie wickeln und 1 Std. kalt stellen.

3 Den Backofen auf 175° vorheizen und ein Backblech mit Backpapier belegen. Den Teig in walnussgroße Stücke teilen, zu Kipferln formen und auf das Blech setzen. Im Ofen (Mitte) 8–10 Min. backen. Herausnehmen und auf einem Kuchengitter vollständig auskühlen lassen. Die Kipferl bis zu 5 Wochen in einer Blechdose aufbewahren.

Für ca. 24 Stück • 20 Min. Zubereitung • 12 Min. Backen • Pro Stück ca. 100 kcal, 4 g E, 8 g F, 3 g KH

BETHMÄNNCHEN MIT MARZIPAN

ZUM VERSCHENKEN

300 g gehäutete Mandeln
4 EL Rosenwasser (Onlinehandel oder indischer Supermarkt)
2 ml Bittermandelaroma
1 Ei (L)
40 g Mehl
50 g gemahlene gehäutete Mandeln
40 g Reissirup (ersatzweise Dattelsirup)
2 EL Milch

1 Im Hochleistungsmixer 200 g Mandeln mit dem Rosenwasser, dem Bittermandelaroma und 2 EL Wasser mindestens 2 Min. auf höchster Stufe mahlen, bis ein feines Marzipan entsteht.

2 Das Ei trennen, das Eigelb beiseitestellen. Eiweiß, Mehl, gemahlene Mandeln und Reissirup zum Marzipan geben und alles mit den Rührbesen des Handrührgeräts zu einem Teig verrühren. Den Backofen auf 180° vorheizen und ein Backblech mit Backpapier belegen.

3 Mit einem Teelöffel Teigportionen abnehmen, ca. 24 walnussgroße Kugeln formen und auf das Backblech setzen. Von den übrigen ganzen Mandeln (100 g) je 3 Stück seitlich in jede Teigkugel drücken. Das Eigelb mit der Milch verrühren und die Kugeln damit bestreichen. Im Ofen (Mitte) 11–12 Min. backen, herausnehmen, komplett auskühlen lassen und bis zu 3 Wochen in einer Blechdose aufbewahren.

Für ca. 25 Stück • 25 Min. Zubereitung • 1 Std. Kühlen • 16 Min. Backen • 20 Min. Auskühlen • Pro Stück ca. 90 kcal, 1 g E, 5 g F, 9 g KH

AUSSTECHER MIT FRUCHTFÜLLUNG

EINFACH

150 g kalte Butter
2 Eigelb (M)
260 g Dinkelmehl (Type 630)
30 g Dattelsüße (Bioladen)
1 TL Spekulatiusgewürz (ersatzweise ½ TL Zimtpulver, ¼ TL gemahlener Kardamom, 1 Msp. gemahlene Nelken)
60 g zuckerfreier Fruchtaufstrich (z. B. Pflaumen-Birnen-Mus)

AUSSERDEM
Mehl für die Arbeitsfläche
Ausstecher (rund, gewellt, 5 cm)
Mini-Ausstecher (Herz)

1 Die kalte Butter würfeln und mit Eigelben, Mehl, Dattelsüße und Spekulatiusgewürz rasch zu einem glatten Teig verkneten. In Frischhaltefolie wickeln und 1 Std. kalt stellen.

2 Den Backofen auf 175° vorheizen und zwei Backbleche mit Backpapier belegen. Den Teig halbieren und jede Portion auf einer bemehlten Arbeitsfläche (oder zwischen zwei Bögen Backpapier) ca. 4 mm dünn ausrollen. Mit dem runden Ausstecher 50 Kreise ausstechen. Mit dem Mini-Ausstecher aus 25 Plätzchen in der Mitte ein Herz ausstechen.

3 Die Plätzchen auf die Backbleche setzen und nacheinander im Ofen (Mitte) 7–8 Min. backen. Herausnehmen und auf einem Kuchengitter ca. 20 Min. auskühlen lassen. Die Plätzchen ohne Herz mit etwas Fruchtaufstrich bestreichen, je 1 Ausstecher mit Herz in der Mitte daraufsetzen und leicht andrücken. Die Plätzchen vor dem Verpacken trocknen lassen und in einer Blechdose im Kühlschrank ca. 1 Woche aufbewahren.

GU
CLOU

Die Ausstecher lassen sich gut mit Kindern zubereiten. Durch die dezente Süßkraft und den zarten Eigengeschmack der Dattelsüße eignet sich der Grundteig auch für Babys und Kleinkinder, die einen sehr feinen Geschmackssinn haben.

Für 24 Stück • 20 Min. Zubereitung • 14 Min. Backen • 15 Min. Abkühlen •
Pro Stück ca. 105 kcal, 2 g E, 8 g F, 7 g KH

SCHOKOPLÄTZCHEN MIT ESPRESSO

EINFACH

120 g weiche Butter
60 g Dattelsüße (Bioladen)
1 Eigelb
1 EL Sahne
140 g Mehl
40 g Kakaopulver
1 Prise Salz

FÜR DIE FÜLLUNG

80 g Bitterschokolade (100 % Kakaogehalt; ersatzweise Schokolade mit Kokosblütenzucker)
70 g Sahne
1 TL fein gemahlener Espresso

1 Den Backofen auf 180° vorheizen und ein Backblech mit Backpapier belegen. Butter, Dattelsüße, Eigelb, Sahne, Mehl, Kakao und Salz mit den Rührbesen des Handrührgeräts gut vermischen, dann mit den Händen zügig zu einem homogenen Teig kneten. Den Teig auf der Arbeitsfläche zu einer ca. 3 cm dicken Rolle formen, dabei zusammendrücken. Die Rolle in ca. 24 Scheiben schneiden.

2 Teigscheiben auf das Backblech setzen und mit dem Finger in der Mitte eine tiefe Mulde formen. Die Plätzchen im Ofen (Mitte) 13–14 Min. backen. Inzwischen für die Füllung die Schokolade hacken und über einem heißen Wasserbad schmelzen. Handwarm abkühlen lassen, dann Sahne und Espresso gut unterrühren.

3 Die Plätzchen ca. 15 Min. abkühlen lassen. Die Füllung mithilfe eines Teelöffels auf die Mulden verteilen und fest werden lassen. Die Plätzchen bis zu 2 Wochen in einer Blechdose aufbewahren.

Für ca. 16 Stück • 20 Min. Zubereitung • 25 Min. Backen • 30 Min. Abkühlen • Pro Stück ca. 165 kcal, 4 g E, 12 g F, 10 g KH

VEGANE LEBKUCHENSCHNITTEN

FÜR KINDER

1 ½ EL Chia-Samen
60 g getrocknete Soft-Datteln (ungeschwefelt)
150 ml Haferdrink
150 g gemahlene Nüsse (z. B. Mandeln)
60 g Kokosraspel
100 g Dinkelmehl (Type 630)
1 TL Weinstein-Backpulver
1 TL Lebkuchengewürz
80 g weiche Margarine
2 EL getrocknete Kirschen (ersatzweise Rosinen)

AUSSERDEM
ofenfeste Form (20 × 30 cm)

1 Chia-Samen mit 40 ml Wasser verrühren und ca. 10 Min. quellen lassen. Datteln grob hacken und in einen hohen Rührbecher geben. Haferdrink dazugeben und beides mit dem Pürierstab pürieren.

2 Gemahlene Nüsse, 50 g Kokosraspel, Mehl, Backpulver sowie Lebkuchengewürz verrühren. Dattelmischung, Margarine und gequollene Chia-Samen hinzufügen und alles zügig mit den Rührbesen des Handrührgeräts zu einem homogenen Teig vermischen.

3 Den Backofen auf 180° vorheizen. Eine ofenfeste Form mit Backpapier belegen und den Teig ca. 1 cm hoch darauf verteilen. Mit den restlichen Kokosraspeln (10 g) und den getrockneten Kirschen bestreuen, diese leicht hineindrücken. Im Ofen (Mitte) 22–25 Min. backen. Herausnehmen, ca. 30 Min. abkühlen lassen und in 16 Schnitten schneiden. Die Lebkuchenschnitten in einer Blechdose bis zu 3 Wochen aufbewahren.

Für ca. 35 Stück • 25 Min. Zubereitung • 30 Min. Backen • 2 Std. Auskühlen • Pro Stück ca. 155 kcal, 3 g E, 11 g F, 11 g KH

NUSSECKEN

EXTRANUSSIG

300 g Apfelmark
100 g getrocknete Soft-Datteln (ungeschwefelt)
300 g Dinkelmehl (Type 630)
1 TL Weinstein-Backpulver
75 g kalte Butter
1 Ei (M)
450 g gemischte Nusskerne (z. B. Macadamianüsse, Haselnüsse, Walnüsse)
½ TL gemahlene Vanille
400 g zuckerfreier Fruchtaufstrich (z. B. Pflaumen-Birnen-Mus)

AUSSERDEM

Mehl für die Arbeitsfläche

TIPP

Für eine Schokoglasur 60 g Bitterschokolade (100 % Kakaogehalt) oder Schokolade mit Kokosblütenzucker über einem heißen Wasserbad schmelzen. Die Ecken der Nussecken eintauchen oder die Schokolade in dünnen Streifen auf den Nussecken verteilen.

1 Das Apfelmark und die Datteln in einen hohen Rührbecher geben und mit dem Pürierstab pürieren. Mehl und Backpulver in einer Schüssel mischen. Die Butter klein würfeln und mit dem Ei hinzufügen. 2 EL Apfelmark-Dattel-Mischung dazugeben und alle Zutaten mit den Rührbesen des Handrührgeräts oder mit den Händen zu einem homogenen Mürbeteig kneten.

2 Die Arbeitsfläche ganz leicht mit Mehl bestreuen und den Teig auf die Größe des Backblechs ausrollen. Ein Backblech mit Backpapier belegen und den Teig darauflegen.

3 Die Nüsse mit einem Messer mittelfein hacken und mit der übrigen Apfelmark-Dattel-Mischung in einen kleinen Topf geben. Die gemahlene Vanille dazugeben und alles unter ständigem Rühren zum Kochen bringen. Die Masse bei mittlerer Hitze unter Rühren ca. 2 Min. kochen, dann vom Herd nehmen.

4 Den Backofen auf 180° vorheizen. Den Teig auf dem Blech bis zum Rand mit dem Fruchtaufstrich bestreichen. Die Nussmischung esslöffelweise daraufgeben, mit einer Palette vorsichtig glatt streichen und ebenfalls bis zum Rand verteilen. Das Ganze im Ofen (Mitte) ca. 30 Min. backen.

5 Herausnehmen und auf dem Blech mindestens 2 Std. auskühlen lassen. Dann mit einem scharfen Messer in ca. 35 Dreiecke schneiden. Die Nussecken in einer Blechdose 1 Woche, im Kühlschrank bis zu 3 Wochen aufbewahren.

Für 24 Stück • 20 Min. Zubereitung • 20 Min. Backen • Pro Stück ca. 65 kcal, 2 g E, 3 g F, 6 g KH

HUSARENKRAPFEN

FÜR KINDER

1 reife Birne
75 g weiche Butter
1 Ei (M)
200 g Haferflocken
1 TL Weinstein-Backpulver
1 TL Zimtpulver
ca. 100 g zuckerfreier Fruchtaufstrich (z. B. Aprikose oder Pflaumen-Birnen-Mus)

1 Die Birne waschen, vierteln und entkernen. Die Viertel fein reiben und in eine Schüssel geben. Die Butter und das Ei hinzufügen und alles mit den Rührbesen des Handrührgeräts verrühren. Haferflocken, Backpulver und Zimt dazugeben und alle Zutaten zu einem homogenen Teig verrühren.

2 Den Backofen auf 180° vorheizen und ein Backblech mit Backpapier belegen. Aus dem Teig mit etwas angefeuchteten Händen ca. 24 walnussgroße Kugeln formen. Jede Kugel zwischen den Handflächen leicht flach drücken, mit dem Zeigefinger eine Mulde in die Mitte drücken und die Plätzchen aufs Blech setzen.

3 Jedes Plätzchen mit ca. ½ TL Fruchtaufstrich füllen. Die Plätzchen im Ofen (Mitte) ca. 20 Min. backen. Herausnehmen und komplett auskühlen lassen. Bis zu 1 Woche in einer Blechdose aufbewahren.

Für ca. 34 Stück • 25 Min. Zubereitung • 1 Std. Kühlen • 6 Min. Backen • 30 Min. Auskühlen • 2 Std. Trocknen • Pro Stück ca. 40 kcal, 1 g E, 3 g F, 3 g KH

ZIMTSTERNE

AROMATISCH

90 g Kokosblütenzucker
75 g gemahlene Haselnüsse
50 gemahlene Mandeln
1 EL Zimtpulver
1 Prise Salz
½ EL Orangensaft (ersatzweise Apfelsaft)

AUSSERDEM
25 g gemahlene Haselnüsse für die Arbeitsfläche
½ TL Zimtpulver für den Guss
Ausstecher (Stern, 4 cm)

1 Den Zucker mit einem Hochleistungsmixer oder Pürierstab zu Puderzucker pulverisieren. 60 g in eine Schüssel geben, den Rest beiseitestellen. Nüsse, Mandeln, Zimt und Salz mit dem Puderzucker mischen. Mit Orangensaft und 25 ml Wasser zu einem klebrigen Teig verkneten. In Frischhaltefolie wickeln und 1 Std. kalt stellen.

2 Den Ofen auf 180° vorheizen und ein Backblech mit Backpapier belegen. Die Arbeitsfläche mit gemahlenen Haselnüssen bestreuen und den Teig darauf ca. 8 mm dünn ausrollen. Sterne ausstechen, dabei den Ausstecher immer wieder kalt abspülen. Die Sterne auf das Blech setzen und im Ofen (Mitte) ca. 6 Min. backen. Herausnehmen und auf einem Kuchengitter ca. 30 Min. auskühlen lassen.

3 Übrigen Puderzucker (30 g) mit ½ TL Zimt und 2 TL Wasser zu einem glatten Guss rühren und auf die Sterne streichen. 2 Std. trocknen lassen und in einer Blechdose bis zu 4 Wochen aufbewahren.

Für ca. 65 Stück • 25 Min. Zubereitung • 20 Min. Kühlen • 27 Min. Backen • 30 Min. Auskühlen • Pro Stück ca. 35 kcal, 1 g E, 1 g F, 4 g KH

PISTAZIEN-CRANBERRY-CANTUCCINI

KNUSPRIG

100 g geröstete, ungesalzene Pistazienkerne
60 g getrocknete Cranberrys (mit Apfeldicksaft gesüßt; Bioladen)
1 Bio-Orange
20 g Kokosöl (nativ)
200 g Dinkelmehl (Type 630)
1 TL Weinstein-Backpulver
75 g Kokosblütenzucker
2 Eier (M)
1 Msp. gemahlene Vanille
1 Prise Salz

AUSSERDEM
Mehl für die Arbeitsfläche

TIPP
Auch klassische Cantuccini lassen sich nach diesem Rezept ohne Zucker zubereiten. Einfach Pistazien und Cranberrys durch 150 g Mandeln ersetzen.

1 Pistazien und Cranberrys grob hacken. Die Orange heiß waschen und abtrocknen, 1 TL Schale abreiben. Das Kokosöl schmelzen. Pistazien, Cranberrys, Orangenschale, Kokosöl, Mehl, Backpulver, Zucker, Eier, gemahlene Vanille und Salz in einer Schüssel mit den Händen oder in der Küchenmaschine zügig zu einem klebrigen, feuchten Teig kneten.

2 Den Teig mit einer Teigkarte in vier Portionen teilen und jede Portion mit den Händen auf einer leicht bemehlten Arbeitsfläche zu einer ca. 26 cm langen Rolle mit 3,5 cm Durchmesser formen. Die Rollen in Frischhaltefolie wickeln und ca. 20 Min. in den Kühlschrank legen.

3 Den Backofen auf 200° vorheizen und ein Backblech mit Backpapier belegen. Die Rollen darauflegen und im Ofen (Mitte) 11–13 Min. vorbacken. Herausnehmen und auf einem Kuchengitter ca. 30 Min. auskühlen lassen. Den Ofen ausstellen.

4 Den Ofen wieder auf 200° vorheizen und zwei Backbleche mit Backpapier belegen. Die Rollen mit einem sehr scharfen Messer in ca. 1,5 cm dicke Scheiben schneiden und diese mit der Schnittfläche nach unten auf die Bleche setzen. Die Cantuccini im Ofen (Mitte) nacheinander in ca. 7 Min. goldbraun backen. Herausnehmen und auf einem Kuchengitter auskühlen lassen. In einer Blechdose bis zu 4 Wochen aufbewahren.

MODERNE PLÄTZCHEN

Für ca. 30 Stück • 20 Min. Zubereitung • 2 Std. Einfrieren • 22 Min. Backen • 2 Std. Auskühlen • Pro Stück ca. 90 kcal, 2 g E, 6 g F, 8 g KH

TAHIN-COOKIES

EXOTISCH

120 g Roggenmehl (Type 1150)
110 g Dinkelmehl (Type 630)
1 TL Weinstein-Backpulver
100 g Bitterschokolade (100 % Kakaogehalt)
2 Eier (L)
2 EL Tahin (Sesampaste)
50 g Kokosblütenzucker
90 g weiche Butter

GUT ZU WISSEN
Durch das Einfrieren des Teigs bekommen die Cookies beim Backen die perfekte Konsistenz und die Schokolade wird zu kleinen, weichen Tropfen, ohne vollständig zu verlaufen.

1 Die beiden Mehlsorten mit dem Backpulver in einer Schüssel mischen. Die Schokolade fein hacken und untermischen. Die Eier, das Tahin und den Kokosblütenzucker dazugeben. Die Butter würfeln, hinzufügen und alle Zutaten mit den Rührbesen des Handrührgeräts zu einem homogenen Teig kneten. Falls der Teig noch bröselig ist, am Schluss noch mit den Händen zusammendrücken, bis sich die Zutaten verbunden haben.

2 Den Teig in drei Portionen teilen und jede Teigportion zu einer länglichen Rolle mit maximal 3 cm Durchmesser formen. Die Rollen in eine Dose legen und ca. 2 Stunden einfrieren.

3 Den Backofen auf 180° vorheizen und zwei Backbleche mit Backpapier belegen. Die Teigrollen aus dem Tiefkühlfach nehmen und mit einem scharfen Messer in 1 cm dicke Scheiben schneiden. Diese mit etwas Abstand auf den Blechen verteilen. Das erste Blech mit Cookies im Ofen (Mitte) 10–11 Min. backen.

4 Das erste Blech herausnehmen, das zweite Blech in den Ofen (Mitte) schieben und die Cookies ebenfalls 10–11 Min. backen. Herausnehmen und die Plätzchen mindestens 2 Std. auf dem Blech auskühlen lassen. Die Cookies in einer Blechdose bis zu 3 Wochen aufbewahren. Sie lassen sich auch gut einfrieren.

Für ca. 30 Stück • 40 Min. Zubereitung • 13 Min. Backen • Pro Stück ca. 110 kcal, 2 g E, 8 g F, 7 g KH

SESAM-PEKANNUSS-KONFEKT

EXTRANUSSIG

120 g Butter
2 Eier (M)
80 g Dattelsüße (Bioladen)
1 TL gemahlener Kardamom
¼ TL gemahlene Vanille
1 Prise Salz
100 g Pekannusskerne
200 g Dinkelmehl (Type 630)
50 g gemahlene Mandeln
30 g geschälter Sesam

1 Die Butter schmelzen und abkühlen lassen. Eier trennen, Eigelbe beiseitestellen, Eiweiße zu steifem Schnee schlagen. Dattelsüße, Kardamom, Vanille und Salz gut unterrühren. 30 g Eischnee abnehmen und in eine Schüssel geben. Beide Schüsseln beiseitestellen.

2 Im Hochleistungsmixer 80 g Pekannusskerne fein mahlen, die übrigen (20 g) grob hacken. Eigelbe, Butter, Mehl, gemahlene Pekannüsse, gemahlene Mandeln und Sesam zügig zu einem bröseligen Teig verrühren. Die große Portion Eischnee dazugeben und alles mit einem Löffel zu einem festen, klebrigen Teig mischen.

3 Ofen auf 175° vorheizen, ein Backblech mit Backpapier belegen. Teig zu walnussgroßen Kugeln formen, auf das Blech setzen, etwas flach drücken. Je 1 Klecks Eischnee daraufgeben, mit den gehackten Pekannüssen bestreuen. Im Ofen (Mitte) ca. 13 Min. backen. Auskühlen lassen und in einer Blechdose bis zu 4 Wochen aufbewahren.

Für ca. 30 Stück • 25 Min. Zubereitung • Pro Stück ca. 80 kcal, 1 g E, 7 g F, 3 g KH

ORANGEN-KOKOS-KUGELN

FRUCHTIG

1 Bio-Orange
100 g getrocknete Soft-Feigen
130 g Walnusskerne
165 g Kokosraspel
1 EL Kakaopulver
70 g Schmand

1 Die Orange heiß abwaschen und abtrocknen. Ca. 1 TL Schale abreiben, die Orange halbieren und 80 ml Saft auspressen.

2 In einem Hochleistungsmixer Orangensaft, Orangenschale, Feigen, Walnüsse, 125 g Kokosraspel, Kakaopulver und Schmand auf hoher Stufe pürieren, bis eine cremige Masse entsteht.

3 Die restlichen Kokosraspel (40 g) auf einen flachen Teller streuen. Aus der Orangen-Kokos-Masse mit leicht angefeuchteten Händen ca. 30 walnussgroße Kugeln formen. Die Kugeln in den Kokosraspeln wälzen und in ein gut verschließbares Glasgefäß füllen. Die Kugeln bis zu 2 Wochen im Kühlschrank aufbewahren.

Für ca. 18 Stück • 20 Min. Zubereitung • 10 Min. Backen • Pro Stück ca. 75 kcal, 1 g E, 5 g F, 6 g KH

KOKOS-PFLAUMEN-KONFEKT

OHNE EI

40 g getrocknete Soft-Pflaumen (ungeschwefelt)
1 TL Zitronensaft
1 Msp. gemahlene Nelken
40 g Reissirup
50 g Kokosöl (nativ)
70 g Weizenmehl (Type 550)
70 g Kokosraspel

AUSSERDEM

15 g Kokosraspel zum Wenden (nach Belieben)

1 Die getrockneten Pflaumen klein hacken, mit Zitronensaft, gemahlenen Nelken und 10 g Reissirup mischen. Beiseitestellen. Das Kokosöl in einem kleinen Topf schmelzen und in eine Schüssel geben. Mehl, Kokosraspel sowie den restlichen Reissirup (30 g) dazugeben. Alle Zutaten mit den Händen zu einem feuchten Teig verkneten.

2 Den Ofen auf 175° vorheizen und ein Backblech mit Backpapier auslegen. Aus dem Teig walnussgroße Kugeln formen. Mit dem Daumen in die Mitte jeder Kugel eine Mulde eindrücken und je ca. ½ TL Pflaumenfüllung hineingeben. Den Teig über der Füllung vorsichtig wieder verschließen.

3 Nach Belieben die Kokosraspel auf einen Teller geben und die Kugeln darin wenden. Auf das Backpapier setzen und im Ofen (Mitte) 8–10 Min. backen. Auf einem Kuchengitter vollständig auskühlen lassen und im Kühlschrank maximal 2 Wochen aufbewahren.

Für ca. 25 Stück • 25 Min. Zubereitung • Pro Stück ca. 45 kcal, 1 g E, 2 g F, 5 g KH

MAULBEERPRALINEN

EXOTISCH

50 g Haferflocken
100 g getrocknete Maulbeeren (Bioladen)
30 g Walnussmus
30 g getrocknete Datteln
1 EL Mohn
1 Msp. gemahlene Bourbon-Vanille
1 Msp. gemahlener Ingwer
30 g Schokolade (100 % Kakaogehalt)

1 Die Haferflocken in einer kleinen Pfanne ohne Fett bei mittlerer Hitze ca. 7 Min. anrösten, auf einen Teller geben und kurz auskühlen lassen. Haferflocken, Maulbeeren und Walnussmuss in einem Standmixer fein zerkleinern. Datteln, Mohn und Gewürze hinzufügen und alles ca. 30 Sek. pürieren, bis eine klebrige Masse entsteht.

2 Mit den Fingerspitzen eine kleine Portion von der Mischung abnehmen und in den Handinnenflächen durch sanftes Rollen zu einer kirschgroßen Kugel formen. Auf ein Kuchengitter setzen und weitere ca. 24 Kugeln auf die gleiche Weise formen.

3 Die Schokolade in einer Schüssel über dem heißen Wasserbad schmelzen. Die Pralinen nacheinander auf eine Gabel legen, in die Schokolade tauchen, herausnehmen und abtropfen lassen. Die Schokolade auf dem Gitter aushärten lassen. Die Pralinen lassen sich in einem Schraubglas im Kühlschrank ca. 1 Woche aufbewahren.

Für 36 Stück • 30 Min. Zubereitung • 40 Min. Kühlen • 40 Min. Backen •
Pro Stück ca. 90 kcal, 1 g E, 6 g F, 8 g KH

APFELHÖRNCHEN

EINFACH

1 großer Apfel (z. B. Elstar)
230 g Butter
150 g Dinkelvollkornmehl
210 g Dinkelmehl (Type 630)
1 TL Weinstein-Backpulver
1 Msp. gemahlene Vanille
200 g zuckerfreier Fruchtaufstrich (z. B. Aprikose)

AUSSERDEM
Mehl für die Arbeitsfläche

GU CLOU

Dieser Universalteig gelingt durch die Süße und Feuchtigkeit des Apfels. Er kann auch mit Birne, Kürbis oder Möhre zubereitet werden. Weil er sich ganz leicht ausrollen lässt, ist er auch ein toller Teig für Kinder, die hier nach Lust und Laune verschiedene Tiere, Sterne, Herzen und Monde ausstechen können.

1 Den Apfel waschen, schälen, vierteln, entkernen und fein reiben, 200 g Raspel abwiegen. Die Butter in 1 cm große Würfel schneiden und mit den Apfelraspeln, den beiden Mehlsorten, Backpulver und Vanille in eine große Schüssel geben. Mit den Rührbesen des Handrührgeräts zu einem homogenen Teig kneten. Den Teig in drei gleich große Portionen teilen und diese in einer luftdicht schließenden Dose ca. 40 Min. kühl stellen.

2 Den Ofen auf 180° vorheizen und zwei Backbleche mit Backpapier belegen. Die Arbeitsfläche mit reichlich Mehl bestreuen, eine Teigportion hineinlegen und mit den Händen etwas flach drücken. Den Teig mehrfach hin und her wenden, sodass er rundherum bemehlt ist. Dann mit schnellen Bewegungen mit dem Nudelholz rund auf 35–40 cm Durchmesser ausrollen. Gleichmäßig mit 2 gehäuften EL Fruchtaufstrich bestreichen.

3 Den Teig mit dem Pizzaschneider in 12 gleich große Stücke schneiden. Diese am äußeren Rand fassen, ein Stück aus dem Kreis herausziehen und von der breiten Seite her zu einem kleinen Hörnchen aufrollen. Mit den übrigen Teigportionen ebenso verfahren, dabei die Arbeitsfläche immer gut mit Mehl bestreuen und von Fruchtresten säubern. Die Hörnchen auf die Backbleche setzen.

4 Die Bleche nacheinander in den Ofen (Mitte) schieben und die Hörnchen je ca. 20 Min. backen. Herausnehmen und abkühlen lassen. Die Hörnchen in einer Blechdose bis zu 1 Woche aufbewahren. Im Kühlschrank halten sie etwas länger.

Für 40 Stück • 30 Min. Zubereitung • 24 Min. Backen • Pro Stück ca. 95 kcal, 2 g E, 7 g F, 7 g KH

SPEKULATIUS-RAUTEN

GÜNSTIG

2 Möhren
300 g Dinkelmehl (Type 630)
1 TL Weinstein-Backpulver
3 TL Spekulatiusgewürz
200 g Butter
150 g Mandelblättchen
5 EL Sahne
3 EL Kokosblütenzucker

AUSSERDEM
Mehl für die Arbeitsfläche

1 Die Möhren putzen, schälen und fein raspeln. 200 g Möhrenraspel mit dem Mehl, dem Backpulver und 2 TL Spekulatiusgewürz in eine große Schüssel geben. Die Butter 1 cm groß würfeln und dazugeben. Die Zutaten mit den Rührbesen des Handrührgeräts grob verrühren. Dann alles mit den Händen zu einem homogenen Teig kneten. Sollte der Teig klebrig sein und sich nicht ausrollen lassen, in eine luftdicht schließende Dose geben und ca. 30 Min. in den Kühlschrank legen.

2 Die Mandelblättchen mit der Sahne, dem Kokosblütenzucker sowie dem restlichen Spekulatiusgewürz (1 TL) vermischen.

3 Den Backofen auf 180° vorheizen und zwei Backbleche mit Backpapier belegen. Den Teig halbieren und die erste Portion auf einer sehr gut bemehlten Arbeitsfläche ca. 35 × 25 cm groß und 5 mm dick ausrollen. Mit einem Pizzaschneider oder einem scharfen Messer in 2 × 3 cm große Rauten schneiden. Die Rauten mithilfe einer Palette auf die Backbleche setzen und mit je 1 TL Mandel-Topping bestreichen. Mit der zweiten Teigportion ebenso verfahren. Die Bleche nacheinander in den Ofen (Mitte) schieben und die Rauten je 11–12 Min. backen.

4 Die Spekulatius-Rauten auf einem Kuchengitter komplett auskühlen lassen und in einer Blechdose bis zu 2 Wochen aufbewahren.

Für 22 Stück • 20 Min. Zubereitung • 8 Min. Backen • Pro Stück ca. 70 kcal, 2 g E, 4 g F, 7 g KH

ZIMTKRACHER

KNUSPRIG

160 g feine Haferflocken
2 EL Kokosblütenzucker
40 g Weizenmehl (Type 550)
½ TL Weinstein-Backpulver
1 TL Zimtpulver
90 g zimmerwarme Butter
1 Ei (M)
3 EL Milch

1 Die Haferflocken mit dem Kokosblütenzucker in eine große Pfanne geben und bei kleiner bis mittlerer Hitze unter Rühren ca. 15 Min. rösten, bis der Zucker karamellisiert und die Haferflocken fein duften.

2 Inzwischen in einer Schüssel Mehl, Backpulver und Zimt mischen. Die Butter klein würfeln und dazugeben. Das Ei, die Milch und die gerösteten Haferflocken hinzufügen und alle Zutaten zügig mit den Rührbesen des Handrührgeräts zu einem homogenen Teig verkneten.

3 Den Backofen auf 180° vorheizen und ein Backblech mit Backpapier belegen. Pro Kracher 1 gehäuften TL Teig auf das Blech setzen und mit dem Löffel etwas flach drücken. Die Plätzchen im Ofen (Mitte) 7–8 Min. backen. Herausnehmen und auf einem Kuchengitter komplett auskühlen lassen. Die Zimtkracher bleiben in einer Blechdose aufbewahrt 2 Wochen frisch.

Für ca. 40 Stück • 20 Min. Zubereitung • 20 Min. Backen • 1 Std. + 3 Std. Auskühlen • Pro Stück ca. 95 kcal, 2 g E, 8 g F, 4 g KH

SCHOKO-AMARETTO-SCHNITTEN

MIT ALKOHOL

125 g Bitterschokolade (100 % Kakaogehalt)
250 g gemahlene Nüsse (z. B. Mandeln, Haselnüsse)
100 g Mehl
40 g Dattelsüße (Bioladen)
100 g weiche Butter
2 Eier (M)
6 EL Amaretto (ital. Mandellikör)

AUSSERDEM

ofenfeste Form (ca. 20 × 30 cm)

1 Schokolade hacken und über einem heißen Wasserbad langsam schmelzen. Inzwischen gemahlene Nüsse mit Mehl und Dattelsüße in einer Schüssel mischen. Butter, Eier und Amaretto dazugeben und mit den Rührbesen des Handrührgeräts gut vermischen. Die Schokolade dazugeben und alles zu einem homogenen Teig verrühren.

2 Den Backofen auf 180° vorheizen und eine ofenfeste Form (20 × 30 cm) mit Backpapier auslegen. Den Teig mit einer Palette gleichmäßig daraufstreichen und im Ofen (Mitte) ca. 20 Min. backen. Herausnehmen und mindestens 1 Std. in der Form abkühlen lassen. Mit dem Backpapier auf ein großes Küchenbrett heben und mit einem scharfen Messer in ca. 1,5 × 3 cm große Schnitten schneiden.

3 Die Schnitten bei Zimmertemperatur weitere 2–3 Std. auskühlen lassen, damit sie nicht mehr bröselig sind. Die Schnitten in einer Blechdose bis zu 2 Wochen aufbewahren.

Für ca. 42 Stücke • 30 Min. Zubereitung • 22 Min. Backen • Pro Stück ca. 100 kcal, 2 g E, 8 g F, 5 g KH

NUSS-BAKLAVA MIT FEIGEN

AROMATISCH

50 g getrocknete Feigen
100 g ungesalzene Pistazienkerne (geröstet)
150 g Walnusskerne
4 EL Reissirup
150 g Butter
1 TL Zimtpulver
1 Ei (M)
1 Packung rechteckige Filoteigblätter (250 g, 10 Blätter, aus dem Kühlregal, ersatzweise Yufka-Teig)

FÜR DEN GUSS

1 ½ Orangen
1 EL Reissirup

AUSSERDEM

ofenfeste Form (ca. 25 × 35 cm)

TIPP
Die ausgekühlte Baklava kann stückweise eingefroren und bei Zimmertemperatur aufgetaut werden.

1 Die Feigen fein hacken. Pistazien und Walnüsse fein hacken und in einer großen Pfanne ohne Fett unter Rühren in ca. 5 Min. goldbraun rösten. Die Pfanne vom Herd nehmen, den Reissirup und 50 g Butter unterrühren. Den Zimt darüberstreuen. Die gehackten Feigen hinzufügen und alles gründlich verrühren. In eine Schüssel füllen und auskühlen lassen.

2 Die restliche Butter (100 g) in der noch warmen Pfanne schmelzen. Den Backofen auf 190° vorheizen. Eine ofenfeste Form mit etwas geschmolzener Butter bestreichen. 5 Blätter Filoteig nacheinander locker hineinschichten, dabei jedes Teigblatt mit geschmolzener Butter bestreichen.

3 Das Ei unter die Nussmischung rühren und die Masse gleichmäßig auf den Teigblättern verteilen. Mit den übrigen 5 Teigblättern belegen, dabei jedes Teigblatt mit geschmolzener Butter bestreichen. Das obere Teigblatt auch mit Butter bestreichen. Alles in ca. 4 cm große Quadrate schneiden. Die Baklava im Ofen (Mitte) ca. 15 Min. backen.

4 Inzwischen für den Guss die Orangen auspressen und den Saft in der Pfanne mit dem Reissirup einmal aufkochen lassen. Die Baklava aus dem Ofen nehmen und mit dem Guss beträufeln. Wieder in den Ofen stellen und in weiteren ca. 7 Min. goldbraun backen. Herausnehmen und auskühlen lassen. Entlang der Schnittkanten mit einem scharfen Messer in Stücke schneiden und in einer Plastikdose im Kühlschrank aufbewahren. Innerhalb von 5 Tagen verzehren.

GU
CLOU

Türkisches Gebäck wird normalerweise in reichlich Zuckersirup getränkt. Durch die Kombination von Feigen, Orangensaft und Reissirup erhält man hier einen ähnlichen Effekt mit dezenterer Süße und deutlich weniger Kalorien.

GESCHENKE AUS DER KÜCHE

Für 24 Stück • 30 Min. Zubereitung • 30 Min. Kühlen • 12 Std. Aushärten •
Pro Stück ca. 70 kcal, 2 g E, 6 g F, 2 g KH

ERDNUSSMUS-PRALINEN MIT MEERSALZ

HERB

100 g Erdnussmus
5 getrocknete Soft-Datteln (ungeschwefelt; ca. 40 g)
150 g Bitterschokolade (100 % Kakaogehalt; ersatzweise Schokolade mit Kokosblütenzucker)
½ TL feine Meersalzflocken

AUSSERDEM
24 Pralinenförmchen

TAUSCH-TIPP
Die Pralinen sind wegen der Schokolade mit 100 % Kakaogehalt sehr herb. Wer es etwas süßer mag, verwendet stattdessen Schokolade mit Kokosblütenzucker. Auch ein niedriger Kakaogehalt in der Schokolade macht die Pralinen weniger herb.

1 Das Erdnussmus im Glas glatt rühren, dann entnehmen. Die Datteln grob hacken und mit dem Erdnussmus und 2 EL Wasser in einem hohen Rührbecher mit dem Pürierstab zu einer cremigen Paste mixen. Die Paste ca. 20 Min. im Kühlschrank fest werden lassen.

2 Inzwischen die Schokolade hacken und über einem heißen Wasserbad schmelzen. Die Pralinenförmchen auf einem Backblech oder einer Kuchenplatte verteilen. Mit einem Teelöffel oder einem Spritzbeutel mit kleiner Öffnung je 1 TL geschmolzene Schokolade in die Förmchen füllen.

3 Von der Erdnusspaste mit den Händen oder mit einem Teelöffel haselnussgroße Portionen abnehmen und zwischen den Handflächen zu Kugeln rollen. Die Kugeln etwas flach drücken und mittig in die Schokolade in den Förmchen legen.

4 Jede Praline mit 1 TL Schokolade bedecken. Das Backblech ganz leicht auf die Arbeitsfläche stoßen, sodass sich die Schokolade gleichmäßig verteilt. Jede Praline mit 1 Prise Meersalzflocken bestreuen.

5 Die Pralinen bei Zimmertemperatur ca. 30 Min. auskühlen lassen. Dann mindestens 12 Std. im Kühlschrank aushärten lassen. Die Erdnussmus-Pralinen halten luftdicht verpackt an einem sehr kühlen Ort bis zu 4 Wochen.

Für 16 Stück • 30 Min. Zubereitung • 1 Std. Gehen • 25 Min. Backen • 1 Std. Abkühlen • Pro Stück ca. 240 kcal, 7 g E, 12 g F, 26 g KH

ZIMTSCHNECKEN MIT CHAI-FROSTING

AROMATISCH

240 ml Milch
4 Beutel Chai-Tee
190 g Butter
500 g Dinkelmehl (Type 630)
20 g frische Hefe (½ Würfel)
1 Prise Salz
1 Ei
4 TL Zimtpulver
3 EL Kokosblütenzucker
200 g Frischkäse

AUSSERDEM
große ofenfeste Form (ca. 25 × 35 cm)
Fett für die Form
Mehl für die Arbeitsfläche

1 In einem kleinen Topf 220 ml Milch erhitzen und 2 Beutel Chai-Tee hineingeben. Ca. 15 Min. ziehen lassen. Die Teebeutel entfernen. 80 g Butter würfeln und zur Milch geben.

2 In einer großen Schüssel das Mehl mit der leicht zerbröselten Hefe und dem Salz mischen. Das Ei sowie die Chai-Milch dazugeben und mit den Knethaken des Handrührgeräts einige Minuten zu einem homogenen Teig kneten. Den Teig zudecken und an einem warmen Ort ca. 1 Std. gehen lassen.

3 Zimt und Kokosblütenzucker mischen. Die restliche Butter (110 g) in einem kleinen Topf schmelzen. Den Frischkäse mit der übrigen Milch (2 EL) in einer kleinen Schüssel glatt rühren. Die übrigen 2 Beutel Chai-Tee aufschneiden und den Inhalt unterrühren. Das Frosting kalt stellen.

4 Den Ofen auf 180° vorheizen. Eine große ofenfeste Form leicht einfetten. Den Teig auf einer leicht bemehlten Arbeitsfläche ca. 55 × 40 cm groß ausrollen, mit der geschmolzenen Butter bestreichen und mit der Zimt-Zucker-Mischung bestreuen. Teig von der langen Seite her aufrollen und die Rolle in 16 ca. 3,5 cm dicke Stücke schneiden. Die Zimtschnecken mit den Schnittflächen nach oben und ca. 1 cm Abstand zueinander in der Form verteilen und im Ofen (Mitte) 22–25 Min. backen.

5 Die Schnecken herausnehmen und mindestens 1 Std. abkühlen lassen. Das Frosting darauf verteilen. Das Gebäck gleich zum Adventskaffee bei Freunden mitbringen und genießen.

Für 4 Gläser (à ca. 200 ml) • 10 Min. Zubereitung • 1 Std. Kochen • Pro Glas ca. 125 kcal, 1 g E, 1 g F, 26 g KH

PFLAUMEN-BIRNEN-MUS

FRUCHTIG

800 g Pflaumen (ersatzweise TK-Pflaumen)
2 reife Birnen
Saft von ½ Orange
½ TL gemahlene Nelken
2 Sternanis
2 Stangen Zimt

AUSSERDEM
4 Schraubgläser (à ca. 200 ml)

1 Die Pflaumen waschen, halbieren, entsteinen und 1 cm groß würfeln. Die Birnen waschen, vierteln, entkernen und 1 cm groß würfeln. Alle Obstwürfel mit dem Orangensaft in einen Topf geben. Die Gewürze hinzufügen, einmal umrühren und alles zum Kochen bringen.

2 Die Hitze reduzieren und das Mus zugedeckt bei mittlerer Hitze ca. 30 Min. köcheln lassen. Den Deckel abnehmen und die Mischung offen ohne Rühren ca. 25 Min. köcheln lassen.

3 Sternanis und Zimt entfernen und das Pflaumen-Birnen-Mus mit einem Pürierstab im Topf fein pürieren. Wieder aufkochen und weitere 5 Min. köcheln lassen. Die Gläser gut säubern, mit heißem Wasser aus dem Wasserkocher ausspülen und auf ein Geschirrtuch stellen. Das Fruchtmus heiß in die Gläser füllen und diese sofort verschließen. Abkühlen lassen und im Kühlschrank aufbewahren. Es ist ca. 4 Wochen haltbar und eignet sich zum Backen und als Brotaufstrich.

Für 2 Gläser (à 200 ml) • 10 Min. Zubereitung • 20 Min. Einweichen •
Pro 1 EL (10 g) ca. 45 kcal, 1 g E, 3 g F, 2 g KH

MANDEL-DATTEL-CREME

EXTRANUSSIG

100 g getrocknete Soft-Datteln (ungeschwefelt)
1 Bio-Orange (ersatzweise 1 Bio-Zitrone)
120 g gemahlene Mandeln
40 g Kokosöl (nativ; ersatzweise 65 g Butter)
2 EL Kakaopulver
1 TL Zimtpulver
50 g gehackte Mandeln

1 Die Datteln in eine Schüssel geben, mit 120 ml heißem Wasser übergießen und ca. 20 Min. einweichen. Die Orange heiß waschen, abtrocknen und mit einer feinen Reibe 2 TL Schale abreiben. Die Orange auspressen und 2 EL Saft abmessen.

2 Die Datteln mit dem Einweichwasser und allen übrigen Zutaten (bis auf die gehackten Mandeln) in einen Hochleistungsmixer geben und zu einer feinen Creme pürieren. Die gehackten Mandeln unter die Creme rühren.

3 Die Mandel-Dattel-Creme in zwei saubere, heiß ausgespülte Schraubgläser füllen und maximal 5 Tage im Kühlschrank aufbewahren. Für eine längere Haltbarkeit portionsweise einfrieren und über Nacht im Kühlschrank auftauen. Die Creme ist ein feiner süßer Brotaufstrich.

Für 1 Tannenbaum (8 Stücke) • 20 Min. Zubereitung • 17 Min. Backen •
Pro Stück ca. 405 kcal, 8 g E, 28 g F, 31 g KH

BLÄTTERTEIG-TANNENBAUM MIT CRANBERRYS

FÜR KINDER

2 Rollen zuckerfreier Blätterteig (aus dem Kühlregal)
ca. 250 g Mandel-Dattel-Creme (ersatzweise zuckerfreier Fruchtaufstrich)
1 Ei (M)
ca. 16 getrocknete Cranberrys (mit Apfeldicksaft gesüßt; Bioladen)

TIPP
Aus den Teigresten mit einem Ausstecher (Stern, 4 cm) Sterne ausstechen und auf einem mit Backpapier belegten Backblech verteilen. Mit etwas verquirltem Ei bestreichen und im Ofen (Mitte) in ca. 12 Min. goldbraun backen. Auf einem Kuchengitter vollständig auskühlen lassen.

1 Den Backofen auf 175° vorheizen. Ein Backblech mit Backpapier belegen und 1 Rolle Blätterteig darauf ausrollen. Den Blätterteig mit der Mandel-Dattel-Creme nicht zu dick bestreichen. (Falls Creme übrig bleibt, als Brotaufstrich genießen.) Die zweite Rolle Blätterteig darauflegen und ganz leicht andrücken.

2 Nun mit einem scharfen Messer einen Tannenbaum ausschneiden. Hierfür von der Mitte der kurzen Seite her nach rechts und links schräg nach unten zum seitlichen Rand schneiden, sodass der Baumkörper entsteht. Unten einen ca. 5 cm breiten Stamm schneiden.

3 Den Baumkörper quer ca. alle 2 cm einschneiden. Dabei für den Stamm in der Mitte ca. 5 cm aussparen. Jeden Streifen leicht anheben und mit den Fingern vorsichtig mehrmals in sich verdrehen, sodass man Teig und Füllung sieht.

4 Das Ei verquirlen. Den Tannenbaum damit bestreichen und mit den Cranberrys garnieren. Das Blech in den Ofen schieben (Mitte) und den Tannenbaum in ca. 17 Min. goldbraun backen. Herausnehmen und auf einem Kuchengitter vollständig auskühlen lassen.

Für 6 Gläser (à ca. 300 ml) • 15 Min. Zubereitung • 25 Min. Backen • Pro Glas ca. 440 kcal, 7 g E, 29 g F, 36 g KH

BANANENBROT IM GLAS

EINFACH

3 reife Bananen
80 ml Pflanzendrink
2 EL Apfelessig
80 ml Öl
180 g Dinkelmehl (Type 630)
60 g Kokosraspel
1 TL Backpulver
1 TL Natron
½ TL Zimtpulver
80 g Bitterschokolade (100 % Kakaogehalt)

AUSSERDEM

6 Twist-off-Gläser (à ca. 300 ml)
Öl und Semmelbrösel für die Gläser

1 Die Bananen schälen und mit einer Gabel fein zerdrücken. Das Bananenpüree mit dem Pflanzendrink, Essig und Öl mischen und gut verrühren. Mehl, Kokosraspel, Backpulver, Natron und Zimt in einer großen Schüssel mischen. Die Schokolade mit einem scharfen Messer in ca. 0,5 cm große Stücke hacken und unter die trockenen Zutaten mischen.

2 Den Backofen auf 180° vorheizen. 6 Gläser mit je 1 Tropfen Öl einpinseln und mit Semmelbröseln ausstreuen. Die trockenen und die feuchten Zutaten zügig mischen. Den Teig auf die Gläser verteilen, sie sollen maximal halbhoch mit Teig gefüllt sein.

3 Das Bananenbrot im Ofen (Mitte) 22–25 Min. backen. Die Gläser aus dem Ofen nehmen und sofort verschließen. Die Gläser bilden nach einiger Zeit mit einem lauten Plopp ein Vakuum und die Bananenbrote sind dann mindestens 2 Monate haltbar.

Für 1 Kastenform (32 cm lang, ca. 30 Scheiben) • 20 Min. Vorbereitung • 5 Min. Zubereitung • 50 Min. Backen • Pro Scheibe ca. 115 kcal, 3 g E, 6 g F, 10 g KH

FRÜCHTEBROT-BACKMISCHUNG

FRUCHTIG

FÜR DIE BACKMISCHUNG

100 g getrocknete Soft-Feigen (ungeschwefelt)
150 g Dinkelvollkornmehl
3 TL Spekulatiusgewürz
1 Prise Salz
150 g Rosinen
200 g gemahlene Mandeln
50 g gehackte Walnüsse
50 g gehackte Haselnüsse
30 g Kürbiskerne

AUSSERDEM

1 Stoffbeutelchen
1 1-l-Glasflasche
200 g Apfel-Bananen-Mark

1 Die Feigen klein hacken und in einen Stoffbeutel geben. Mehl, Spekulatiusgewürz und Salz vermischen und mithilfe eines Trichters in die Flasche füllen. Rütteln, sodass sich alles gleichmäßig verteilt.

2 Rosinen daraufgeben, dann gemahlene Mandeln mithilfe des Trichters einfüllen. Gehackte Walnüsse, dann gehackte Haselnüsse einfüllen. Zum Schluss die Kürbiskerne hineingeben und die Flasche verschließen. Den Stoffbeutel an den Flaschenhals binden und das Ganze mit der Zubereitungsbeschreibung verschenken.

3 Zubereitung: Den Backofen auf 175° vorheizen und eine Kastenform fetten. Die Zutaten aus der Flasche, die Feigen und das Fruchtmark in einer Schüssel mit einem Holzlöffel vermischen. In die Form füllen, glatt streichen und im Ofen (Mitte) ca. 50 Min. backen, falls nötig, nach 30 Min. mit Backpapier abdecken. Herausnehmen, 10 Min. ruhen lassen, stürzen und auskühlen lassen.

*Für 6 Gläser (à ca. 300 ml) • 40 Min. Zubereitung • 50 Min. Kühlen •
Pro Portion (ca. 50 g) ca. 260 kcal, 6 g E, 18 g F, 18 g KH*

WEIHNACHTS-GRANOLA

KNUSPRIG

220 g gemischte Nusskerne (z. B. Mandeln und Walnüsse)
375 g feine Haferflocken
1 TL Salz
3 TL Spekulatiusgewürz
130 g Kokosöl (nativ)
70 g Reissirup
80 g Bitterschokolade (100 % Kakaogehalt)
40 g getrocknete Aprikosen
50 g Cashewkerne
40 g gepuffte Quinoa

AUSSERDEM

6 Twist-off-Gläser (à ca. 300 ml)

TIPP
Das Granola lässt sich ca. 2 Monate aufbewahren. Nüsse und Trockenfrüchte können beliebig ausgetauscht werden. Statt Spekulatiusgewürz passt auch Lebkuchengewürz.

1 Den Backofen auf 180° vorheizen und ein Backblech mit Backpapier belegen. Die Nussmischung grob hacken, in eine Schüssel füllen und mit Haferflocken, Salz und Spekulatiusgewürz vermischen. Das Kokosöl in einer ofenfesten Schüssel im Ofen schmelzen, dazugeben und alles gründlich mit einem Holzlöffel verrühren. Den Reissirup gut unterrühren.

2 Die Mischung auf das Blech geben und gleichmäßig auf der ganzen Fläche verteilen, dabei leicht mit dem Holzlöffel andrücken. Im Ofen (Mitte) in ca. 13 Min. hellbraun rösten, vorsichtig mit einem Pfannenwender wenden und weitere ca. 7 Min. goldbraun rösten. Mit dem Backpapier auf ein Kuchengitter ziehen und auskühlen lassen. Granola vorsichtig in eine große Schüssel umfüllen. Sehr große Stücke ggf. grob zerbrechen.

3 Inzwischen die Schokolade zerbrechen und in einer ofenfesten Schüssel im Ofen schmelzen. Die Aprikosen fein würfeln, die Cashewkerne klein hacken und mit der Quinoa in eine Schüssel geben. Die Schokolade dazugeben und alles gut verrühren. Einen großen Teller (ca. 30 cm Durchmesser) mit Backpapier belegen, die Quinoa-Mischung daraufgeben und mit einem Löffel mit etwas Druck gleichmäßig auf die ganze Fläche des Tellers verteilen. Im Kühlschrank in ca. 50 Min. fest werden lassen.

4 Die Quinoa-Schoko-Masse aus dem Kühlschrank nehmen, zügig mit den Händen in ca. 1,5 cm große Stücke zerbrechen und zum Granola geben. Alles vorsichtig verrühren und in Schraubgläser zum Verschenken umfüllen. Es hält ca. 2 Monate.

Für 1 Tafel (ca. 125 g) • 30 Min. Zubereitung • 1 Std. Aushärten •
Pro 25 g ca. 175 kcal, 2 g E, 15 g F, 9 g KH

BRUCHSCHOKOLADE MIT KAFFEE UND ORANGE

AROMATISCH

15 Kaffeebohnen
1 Bio-Orange (ersatzweise 1 Bio-Grapefruit)
60 g Kakaobutter (Supermarkt oder Drogeriemarkt)
25 g Dattelsüße (Bioladen)
40 g Rohkakao (Supermarkt oder Bioladen; ersatzweise Kakaopulver)
1 ½ TL Zimtpulver
¼ TL gemahlener Kardamom
1 Msp. gemahlene Nelken

1 Die Kaffeebohnen in einen Gefrierbeutel geben und mit dem Kartoffelstampfer zerkleinern. Die Orange heiß waschen, abtrocknen und die Schale abreiben.

2 Die Kakaobutter in eine Schüssel geben und über einem heißen Wasserbad schmelzen. Dattelsüße, Kakao, Zimt, Kardamom und Nelken in die geschmolzene Kakaobutter sieben und alle Zutaten mit einem Schneebesen gründlich verrühren.

3 Die zerstoßenen Kaffeebohnen und die abgeriebene Orangenschale zur Kakaobutter geben und alle Zutaten gut vermischen.

4 Die flüssige Schokolade vorsichtig auf ein Backpapier gießen und auf eine Größe von ca. 20 × 20 cm dünn ausstreichen. Ca. 10 Min. auskühlen lassen und anschließend mindestens 1 Std. im Kühlschrank aushärten lassen.

5 Die Schokolade herausnehmen, in Stücke brechen und in einem luftdicht schließenden Schraubglas im Kühlschrank aufbewahren. So hält sie mindestens 3 Monate. Zum Verschenken eine Sorte oder eine Mischung aus verschiedenen Schokoladen in durchsichtige Zellophanbeutel geben und mit einem schönen Geschenkband zubinden. Einen Anhänger daran befestigen und mit der Schokoladensorte oder einem weihnachtlichen Gruß beschriften. So verpackt und kühl gelagert hält die Schokolade ca. 2 Monate.

TIPP

Andere feine Kombis anstelle von Kaffeebohnen, Orangenschale, Kardamom und Nelken: 15 g gehäutete Mandelblättchen und 15 g gehackte Cranberrys. Oder 10 kleine Salzbrezeln, in Stücke gebrochen, 25 g getrocknete Soft-Aprikosen, fein gehackt, und 2 TL Cashew-Mus.

Für ca. 60 Stück • Zubereitung 25 Min. • Ruhezeit 1 Std. 30 Min. •
Pro Stück ca. 3 kcal, 0 g E, 0 g F, 1 g KH

GLÜHWEIN-APFEL-FRUCHTGUMMISTERNE

VEGAN

1 Orange
10 g Kokosblütenzucker
¾ TL Zimtpulver
¼ TL gemahlene Nelken
2 TL Agar-Agar (Bioladen)
50 ml trockener Rotwein (ersatzweise roter Traubensaft)
120 ml Apfelsaft
¼ TL gemahlene Vanille

AUSSERDEM

3 Silikonformen (je 20 Mulden à ca. 4 ml)

TIPP

Anders als Gelatine geliert das vegane Agar-Agar nicht beim Aufkochen, sondern erst beim Auskühlen.
Es müssen nicht immer Sterne sein! Wer Gummibärchenformen hat, kann mit den im Rezept angegebenen Mengen ca. 200 Bärchen machen. Sie brauchen etwas weniger Zeit zum Festwerden.

1 Die Orange auspressen und 80 ml Saft in einen kleinen Topf geben. Den Kokosblütenzucker und die gemahlenen Gewürze dazugeben und mit einem Schneebesen verrühren. 1 TL Agar-Agar einrieseln lassen und klümpchenfrei verrühren. Die Flüssigkeit aufkochen und bei kleiner Hitze ca. 4 Min. unter Rühren köcheln lassen. Den Topf vom Herd nehmen und den Rotwein unterrühren.

2 Die Formen bereitstellen und die flüssige Masse halbhoch in die Mulden füllen. In ca. 20 Min. fest werden lassen.

3 Nach 10 Min. den Apfelsaft in den kleinen Topf geben, Vanille sowie restliches Agar-Agar (1 TL) einrieseln lassen und klümpchenfrei verrühren. Die Flüssigkeit aufkochen und bei kleiner Hitze ca. 4 Min. unter Rühren köcheln lassen. Den Topf vom Herd nehmen, die flüssige Masse ca. 5 Min. abkühlen lassen und dann die halbhoch gefüllten Mulden damit auffüllen. Mindestens 1 Std. fest werden lassen, dann vorsichtig aus den Formen drücken.

4 Die Fruchtgummisterne in kleine Zellophantütchen füllen und mit Geschenkbändchen zubinden. Nach Belieben Anhänger daran befestigen und beschriften. Die Sterne halten sich 8 Wochen frisch.

Enjoy

Für 1 kleines Glas (400 ml Inhalt) • 12 Min. Zubereitung • Pro Portion (ca. 50 g) ca. 315 kcal, 6 g E, 22 g F, 19 g KH

WEIHNACHTLICHE NUSSMISCHUNG

OHNE BACKEN

200 g gemischte Nusskerne (z. B. Cashewkerne, Mandeln, gehäutete Mandeln, Haselnüsse, Walnüsse)
1 EL Reissirup
1 ½ TL Zimtpulver
½ TL gemahlener Kardamom
¼ TL gemahlene Nelken
¼ TL gemahlener Ingwer
1 Prise Salz
50 g Cranberrys (mit Apfeldicksaft gesüßt; Bioladen; ersatzweise gemischte, gewürfelte Trockenfrüchte)

1 Die Nüsse in einer großen Pfanne ohne Fett ca. 5 Min. unter Rühren hellbraun rösten. Den Herd ausschalten und die Pfanne beiseitestellen. Die Nüsse mit dem Reissirup beträufeln und unter Rühren damit überziehen.

2 Die gemahlenen Gewürze und das Salz auf die Nussmischung streuen und alles gründlich vermischen. Die Cranberrys dazugeben und unterrühren.

3 Ein Kuchengitter mit Backpapier belegen. Die Mischung darauf verteilen und auskühlen lassen. In ein Schraubglas füllen und maximal 2 Monate aufbewahren. Oder zum Verschenken kleine Portionen in selbst gebastelte Spitztüten verpacken.

Für ca. 30 Stück • 10 Min. Zubereitung • 1 Std. Kühlen • 8 Min. Backen • Pro Stück ca. 55 kcal, 2 g E, 4 g F, 3 g KH

KÄSEGEBÄCK

WÜRZIG

100 g kalte Butter
100 g geriebener Emmentaler
100 g Dinkelmehl (Type 630)
½ TL Salz
1 Eigelb
1 EL Schwarzkümmel
1 EL geschälter Sesam

1 Die kalte Butter würfeln und in eine Schüssel geben. Emmentaler, Mehl und Salz dazugeben und alle Zutaten rasch zu einem glatten Teig verkneten. Mit den Händen zu einer Rolle formen und auf Frischhaltefolie legen. Die Rolle mit den Händen auf ca. 30 cm Länge rollen, den Teig dann in die Folie wickeln und ca. 1 Std. kalt stellen.

2 Den Backofen auf 225° vorheizen und ein Backblech mit Backpapier belegen. Die Rolle in ca. 1 cm dicke Scheiben schneiden und diese auf das Backblech setzen. Mit Eigelb bestreichen und mit Schwarzkümmel und Sesam bestreuen.

3 Das Gebäck im Ofen (Mitte) in ca. 8 Min goldgelb backen. Direkt mit dem Backpapier auf ein Kuchengitter ziehen und auskühlen lassen. In einer Plastikdose oder einem Schraubglas 2 Wochen aufbewahren. Das Käsegebäck lässt sich auch gut einfrieren.

Für 12 Stück • 10 Min. Zubereitung • 20 Min. Quellen • 15 Min. Backen •
Pro Stück ca. 60 kcal, 3 g E, 4 g F, 2 g KH

SAATENCRACKER

KNUSPRIG

80 g Leinsamen
1 TL Chia-Samen
2 EL Kürbiskerne
1 EL weißer Sesam
2 EL Vollkornmehl
½ TL gemahlene Kurkuma (ersatzweise Currypulver)
1 EL Olivenöl
1 TL Salz

1 Den Backofen auf 180° vorheizen und ein Backblech mit Backpapier belegen.

2 In einer Schüssel Leinsamen, Chia-Samen und Kürbiskerne sowie 120 ml Wasser vermischen. Sesam, Vollkornmehl, Kurkuma, Olivenöl und Salz hinzufügen und alle Zutaten gründlich verrühren. Die Mischung ca. 20 Min. quellen lassen.

3 Mit einem Esslöffel 12 Teighäufchen auf das Backblech setzen und leicht flach drücken. Die Cracker im Ofen (Mitte) ca. 15 Min. backen. Herausnehmen und auf einem Kuchengitter auskühlen lassen. Die Cracker in einer Blechdose bis zu 4 Wochen aufbewahren.

Für 4 kleine Gläser (à ca. 100 ml Inhalt) • 10 Min. Zubereitung •
Pro Portion (ca. 50 g) ca. 300 kcal, 18 g E, 44 g F, 35 g KH

CURRY-CASHEWS

WÜRZIG

4 Bio-Limetten
400 g Cashewkerne (ersatzweise gehäutete Mandeln)
6 TL scharfes Currypulver (ersatzweise mildes Currypulver)
4 TL Salz

1 Die Limetten heiß waschen und abtrocknen. Die Schale abreiben und 8 EL Saft auspressen.

2 Die Cashewkerne in einer Pfanne ohne Fett ca. 5 Min. unter Rühren hellbraun rösten. Den Herd ausschalten und die Cashewkerne mit dem Currypulver bestreuen. Das Salz und die Limettenschale hinzufügen und alles mit dem Limettensaft ablöschen.

3 Mit einem Holzlöffel rühren, bis die Cashewkerne wieder getrocknet sind. Die Curry-Cashews auskühlen lassen und in vier kleine Schraubgläser füllen. Sie halten ca. 6 Wochen.

REGISTER

L/M

N

O/P

R/S

T/V

W/Z

Abkürzungsverzeichnis:
E = Eiweiß
EL = Esslöffel (gestrichen)
F = Fett
kcal = Kilokalorien
KH = Kohlenhydrate
Msp. = Messerspitze
Pck. = Päckchen
TK = Tiefkühl
TL = Teelöffel (gestrichen)
Ø = Durchmesser

Projektleitung:
Verena Kordick, Melanie Loser
Lektorat: Katharina Lisson
Korrektorat: Andrea Lazarovici
Innen- und Umschlaggestaltung:
independent Medien-Design,
Horst Moser, München
Herstellung: Mendy Willerich
Satz: Kösel, Krugzell
Reproduktion: medienprinzen GmbH, München
Druck und Bindung:
Firmengruppe APPL, aprinta druck, Wemding
Syndication:
www.seasons.agency
Printed in Germany

1. Auflage 2020
ISBN 978-3-8338-7755-1

www.facebook.com/gu.verlag

GRÄFE UND UNZER

Ein Unternehmen der
GANSKE VERLAGSGRUPPE

DIE AUTORINNEN

Dass zuckerfreies Backen ganz einfach ist, das wissen **Annina Schäflein** und **Lena Merz** schon lange. Die beiden Autorinnen bloggen erfolgreich auf breifreibaby.de über zuckerfreie Rezepte für die ganze Familie. Auch an Weihnachten kann man also ohne Geschmackseinbußen auf klassischen Zucker verzichten, finden die erfahrenen Rezeptentwicklerinnen, die stets auf das große Feedback aus ihrer Community zurückgreifen können.

DIE FOTOGRAFIN

Sabrina Sue Daniels ist ausgebildete Fotografin, Ernährungscoach, Foodstylistin und Autorin zahlreicher Kochbücher. Als leidenschaftlicher Foodie greift sie immer wieder neue Foodtrends auf und integriert diese gekonnt in ihren Rezepten. Bezeichnend für ihre wunderschöne Fotografie sind die ästhetisch inszenierten Foodfotos, die Lust auf gesunde Rezepte machen.

BILDNACHWEIS

Sabrina Sue Daniels:
S. 6-59, Klappen vorne und hinten innen, Autorinnenfoto
Coco Lang: Cover, S. 1, 5, U2 und U3, Klappen vorne und hinten außen

Umwelthinweis:
Dieses Buch ist auf PEFC-zertifiziertem Papier aus nachhaltiger Waldwirtschaft gedruckt.

QUALITÄTS G|U GARANTIE

LIEBE LESERINNEN UND LESER,

wir wollen Ihnen mit diesem Buch Informationen und Anregungen geben, um Ihnen das Leben zu erleichtern oder Sie zu inspirieren, Neues auszuprobieren. Wir achten bei der Erstellung unserer Bücher auf Aktualität und stellen höchste Ansprüche an Inhalt und Gestaltung. Alle Anleitungen und Rezepte werden von unseren Autoren, jeweils Experten auf ihrem Gebiet, gewissenhaft erstellt und von unseren Redakteuren/innen mit größter Sorgfalt ausgewählt und geprüft.

Haben wir Ihre Erwartungen erfüllt? Sind Sie mit diesem Buch und seinen Inhalten zufrieden? Haben Sie weitere Fragen zu diesem Thema? Wir freuen uns auf Ihre Rückmeldung, auf Lob, Kritik und Anregungen, damit wir für Sie immer besser werden können. Und wir freuen uns, wenn Sie diesen Titel weiterempfehlen, in Ihrem Freundeskreis oder online.

Sollten wir Ihre Erwartungen so gar nicht erfüllt haben, tauschen wir Ihnen Ihr Buch jederzeit gegen ein gleichwertiges zum gleichen oder ähnlichen Thema um.

KONTAKT

GRÄFE UND UNZER VERLAG
Leserservice
Postfach 86 03 13
81630 München
E-Mail: leserservice@graefe-und-unzer.de

Telefon: 0 08 00 / 72 37 33 33*
Telefax: 0 08 00 / 50 12 05 44*
Mo–Do: 9.00–17.00 Uhr
Fr: 9.00–16.00 Uhr (*gebührenfrei in D,A,CH)

APPETIT AUF MEHR?

ISBN 978-3-8338-7578-6

ISBN 978-3-8338-3312-0

ISBN 978-3-8338-7074-3

ISBN 978-3-8338-6541-1

ISBN 978-3-8338-6699-9

ISBN 978-3-8338-7552-6

Auch als eBook erhältlich.

Mehr von GU auf **www.gu.de** und **facebook.com/gu.verlag**

DIE »GU KOCHEN PLUS«-APP

1 APP HERUNTERLADEN

Laden Sie die kostenlose »GU Kochen Plus«-App im Apple App Store oder im Google Play Store auf Ihr Smartphone. Starten Sie die App und wählen Sie Ihren Küchenratgeber aus.

2 REZEPTBILD SCANNEN

Scannen Sie das gewünschte Rezeptbild mit der Kamera Ihres Smartphones. Klicken Sie im Display die Funktion Ihrer Wahl.

3 FUNKTIONEN NUTZEN

Sammeln Sie Ihre Lieblingsrezepte. Speichern und verschicken Sie Ihre Einkaufslisten. Oder nutzen Sie den praktischen Supermarkt-Finder und den Rezept-Planer.